音楽演奏の楽しみを、もっと身近に、もっと手軽に
Recorder JP

アルトリコーダー用 伴奏CDブック

サンマルティーニ
2本のアルトリコーダーのための
ソナタ 8番 ヘ長調
改定版

G. Sammartini

通奏低音実施 by 石田誠司

リコーダーJP
◆グレートクラシックス◆

RG-005A

RJP

★ちょっぴり解説★

イギリスで活躍したイタリアン

　ジュゼッペ・サンマルティーニは、１６９５年にイタリアのミラノで生まれ、１７２０年代のある年（はっきりしたことはわからないようです）からロンドンに移り住んで活躍した、オーボエ奏者・作曲家でした。

　以後、１７５０年に亡くなるまで、はじめ歌劇場管弦楽団のオーボエ奏者、のちにウェールズの王室に抱えられて室内管弦楽団の音楽監督を務めながら、終生ロンドンで暮らしました。主として管楽器やヴァイオリンの活躍するたくさんの器楽作品で知られ、イギリスでその作品は人々からたいへん愛されました。それで、弟であるジョヴァンニ・バティスタ・サンマルティーニが「ミラノのサンマルティーニ」と呼ばれるのに対し、「ロンドンのサンマルティーニ」と呼ばれています。

「12のソナタ」について

　サンマルティーニのリコーダー用レパートリーでは協奏曲が有名で、大家たちの演奏がCDで何種類も出ていますが、この「リコーダーまたはヴァイオリンのための１２のソナタ」というデュエット曲集（「トリオソナタ」と言うべきかも知れません）も才気あふれるはつらつとした佳品ぞろいで、イタリア出身の作曲家らしい歌心があふれています。バロック時代の楽しいデュエット曲集として貴重なものだと言えるでしょう。

　これは、サンマルティーニがイギリスに渡って間もない１７２７年１０月に、ロンドンで出版された作品集です。

　題名によればヴァイオリンで演奏してもよいことになっていますが、これは言わば「ヴァイオリンを弾いている人にも楽譜を買ってもらえるように」という、営業上の理由によるのでしょう。サンマルティーニ自身、管楽器（オーボエ）の名人だったわけですし、当時のオーボエ奏者ならもちろんリコーダーも演奏したでしょうから、どちらかといえば「リコーダーの曲」として構想されたものと思われます。

　曲集全体を通じて技術的に極端に難しいところがほとんどなく、アマチュア愛好家に広く楽しんでもらおうと考えて書かれた曲であることがよくわかります。

　ゆっくりしたテンポの楽章はよく歌い、速い楽章の多くは躍動的な感じに書かれていて、

2本の笛をピッタリそろえて演奏することで、じつに快適な面白さがあります。アーティキュレーション（音どうしのつなげ具合）の工夫によって旋律に生気が生まれるようにする工夫も見られ、このあたりはセンスの面から言えば同じ時代に活躍したバッハやヘンデルよりもよほど近代的な感じもします。

　いずれにせよ、二人の奏者ができるだけ息をそろえてアンサンブルしたいですね。

8番 ヘ長調 のソナタについて

　4つの楽章から成っています。

　作曲者は、意識的にせよ無意識的にせよ、「その曲を貫く特徴」を何か持たせて曲をつくるものですが、この曲の場合は、全体に「ふと立ち止まる瞬間」に不思議な魅力があるように思います。

　第1楽章はアンダンテ（歩むように）で、あたたかな感じの曲です。リズムも面白いし2本のリコーダーのからみ合いも美しく、演奏しがいがあります。

　第2楽章はプレスト（急速に）で、第1楽章から続けて演奏されます。軽快で才気があふれ、実に気が利いた楽しい音楽です。

　第3楽章はラルゴ（幅広くゆっくりと）です。ちょっと変わった開始から、符点音符のリズムを基調に2本のリコーダーがからみ合いながら短調で叙情的に歌います。やはりいくらでも華麗な装飾・変奏の余地がありそうです。

　第4楽章はアレグロ（快速に）で、ユーモラスな味もほのかにただよわせる、晴朗な感じの曲です。イタリアの澄み切った青空への想像力をかきたてられます。

リコーダーJPディレクター　石田誠司

　※　なお、このソナタは広く流布しているSchott社版では第8番ですが、Walsh版では第7番となっています（Walsh版の第8番がSchott社版の第7番）。RJP版では混乱を防止するためSchott社版の番号を踏襲しています。

ＣＤの演奏と楽譜の違いについて

　本書に収録した楽譜は大英図書館所蔵のWalsh版を参照した原典版になっていますが、演奏例およびマイナスワンの演奏のさいには他社版市販譜（Schott社刊)を用いました。このため楽譜と演奏とが違っているところがありますが、実用上の大きな問題はないと思います。

　以下に大きな異同箇所を列挙します。

(1) 第1楽章 15小節　通奏低音（左手）Ｂ音をＢ♭音で演奏。
(2) 第1楽章 26小節　通奏低音（左手）　4拍目を8分音符二つで演奏。
(3) 第2楽章 33小節　通奏低音（左手）2拍目Ｄ音をＡ音で演奏。
(4) 第3楽章 6小節　低音数字の問題により和声の違いがあります。
(5) 第4楽章 14小節　第二リコーダー　1拍目裏のＤ音をＥ音で演奏。
(6) 第4楽章 28小節　第二リコーダー　2拍目四分休符のところＥ音四分音符で、3拍目Ｅ音のところＧ音で演奏。
(7) 第4楽章後半の繰り返しを行わずに演奏。

　以上です。

演奏者について

　通奏低音実施とチェンバロ伴奏演奏制作は石田誠司が担当しました。使用楽器はリコーダーJP所有のデジタルサンプリング音源です。演奏例とマイナスワンのリコーダー演奏は安宅留美子さんと石田、マイナスワンの演奏は第1・第2リコーダーともに石田です。

Giuseppe Sammartini　Sonata　No. 8　F Major

第１楽章　符頭が×印になった音符は「チッ、チッ」というカウント音を示しています。

第2楽章

第3楽章

第4楽章

Giuseppe Sammartini   Sonata No. 8 F Major

2nd Mvt.

3rd Mvt.

4th Mvt.

RJP　マイチェンバリスト

■市販のリコーダー用曲集を生かしたCDブック。　■楽譜は収録していませんので、必ずCDブックがテキストにしている各社の市販曲集を併せてご利用ください。　■定価1050～1155円

テキスト『ソプラノリコーダーと鍵盤楽器のための30名曲選』(多田逸郎　全音楽譜出版社)
- RM-001 「全音多田シリーズ」を10倍楽しむ伴奏CDブック　Vol. 8-1
  - 収録曲目：故郷（文部省唱歌）朧月夜（文部省唱歌）運命（W.バード）他　全10曲
- RM-002 「全音多田シリーズ」を10倍楽しむ伴奏CDブック　Vol. 8-2
  - 収録曲目：冬景色（文部省唱歌）涙のパヴァーヌ（J.ダウランド）他　全10曲
- RM-003 「全音多田シリーズ」を10倍楽しむ伴奏CDブック　Vol. 8-3
  - 収録曲目：メヌエット ト短調（バッハ）おお いとしき君よ（W.バード）他　全10曲

テキスト『ソプラノリコーダーと鍵盤楽器のためのバロック名曲選』(多田逸郎　全音楽譜出版社)
- RM-004 「全音多田シリーズ」を10倍楽しむ伴奏CDブック　Vol. 1-1
  - 収録曲目：コレルリ ソナタ（作品5-8）第1～第4楽章
- RM-005 「全音多田シリーズ」を10倍楽しむ伴奏CDブック　Vol. 1-2
  - 収録曲目：ファンタジー ポロノワーズ 他3曲（以上テレマン）エール ロンド 他2曲（以上 H.パーセル）
- RM-006 「全音多田シリーズ」を10倍楽しむ伴奏CDブック　Vol. 1-3
  - 収録曲目：シェメッリ歌曲集より9つの歌他（以上バッハ）、他にヘンデル・クリーガーの5作品

テキスト『2本のアルトリコーダーと鍵盤楽器のための名曲選』(多田逸郎　全音楽譜出版社)
- RM-007 「全音多田シリーズ」を10倍楽しむ伴奏CDブック　Vol. 4-1
  - 収録曲目：シンフォニア（ヘンデル）これはなんとすばらしい音だ（モーツァルト）他　全10曲

ＲＪＰ　シートミュージック

■大版（A4版）の楽譜製品。（CDはついていません。）

- RF-001　小竹知紀　パストラル／イマーゴ　S・A・T・GB(B)　--------------- (840円)
- RF-002　青島広志　音楽の夜会　S・A・T・B　--------------- (1050円)
- RF-003　松崎泰治　クリーガーの主題による変奏曲　S・A　--------------- (735円)

ＲＪＰ　アコースティック

■生録音による伴奏CDつき。　定価840円

■ ヘンデル
- RE-001　ソナタ　ハ長調　HWV365

■ テレマン
- RE-002　ソナタ　ヘ短調　忠実な音楽の師より

伴奏CDつき曲集シリーズ　リコーダーJP　コンテンポラリー

■現代作家がアマチュアリコーダーファンのために書いたチェンバロ伴奏リコーダー曲集！

RC-001	●山岸恵子の世界　〜お洗濯のワルツ　ほか〜	1050円
RC-002	●新井雅之　アルトリコーダーのためのバロック風組曲	1155円
RC-003	●高橋たかね　初心者二人で楽しむデュエット集	1050円
RC-004	●近藤浩平作品集　〜山小屋の4つの窓　ほか〜	1155円
RC-005	●赤松義夫作品集　〜2匹のオランウータン　ほか〜	1155円
RC-006	●森好美作品集　〜雪の帰り道　ほか〜	945円
RC-009	●松崎泰治　組曲「過ぎ行く季節に」	1050円

マイナスワンCDつきピース　リコーダーJP　アラカルト

■曲の内容に合わせた仕様の各種マイナスワン（マイナスツーなどを含む）CDと楽譜のセット　■すべてモダンピッチ用　■A5版 各16〜32ページ　CD1枚つき

RL-001	●パッヘルベルのカノン　アルト用	945円
RL-002	●グラウンド上のグリーンスリーブズ　アルト用	945円
RL-003	●フーガの技法　第1番（バッハ）　ソプラノ・アルト・テナー・バス用	945円
RL-004	●カノンによるソナタ　第1番（テレマン）　アルト用	945円
RL-005	●カノンによるソナタ　第3番（テレマン）　アルト用	945円
RL-006	●パストラル／イマーゴ（小竹知紀）　ソプラノ・アルト・テナー・グレートバス用	945円
RL-007	●ブランデンブルグ協奏曲　第4番　第1楽章　アルト用	945円
RL-008	●ブランデンブルグ協奏曲　第4番　第2・第3楽章　アルト用	945円
RL-009	●シックハルト『リコーダーの原理』第1分冊　アルト用	945円
RL-010	●シックハルト『リコーダーの原理』第2分冊　アルト用	945円
RL-011	●クリーガーの主題による変奏曲（松崎泰治）　ソプラノ・アルト用	945円
RL-012	●シックハルト『リコーダーの原理』第3分冊　アルト用	945円
RL-013	●シックハルト『リコーダーの原理』第4分冊　アルト用	945円
RL-014	●アルペジョーネソナタ（シューベルト）　第1楽章　アルト用	945円
RL-015	●アルペジョーネソナタ（シューベルト）　第2・第3楽章　アルト用	1470円
RL-016	●デュオソナタ　第1番　ヘ長調（テレマン）　アルト用	945円
RL-017	●デュオソナタ　第2番　変ロ長調（テレマン）　アルト用	945円

以下続巻

```
┌─────────────────────────────────────────────────────────────────────┐
│    伴奏CDつき曲集シリーズ　　ＲＪＰ　アレンジメンツ                    │
│  ■全曲のリコーダーパート譜・スコアを収録した解説つき冊子とCDのセット。 │
│  ■CDにはチェンバロ伴奏と演奏例を収録　■定価945円（税込み　RA-010は1050円）│
└─────────────────────────────────────────────────────────────────────┘
```

RA-001　●クラシック名曲集(1)　トロイメライ（シューマン）　恋とはどんなものかしら（モーツァルト）　ほか

RA-002　●サティーのジムノペディー　　ジムノペディー第１番〜第３番

RA-003　●日本の名歌(1)　海（文部省唱歌）　荒城の月　（瀧廉太郎）　故郷（文部省唱歌）

RA-004　●バッハ名作集(1)　　G線上のアリア　シチリアーノ　バッハのメヌエット

RA-005　●ロマン派名曲集(1)　愛の挨拶（エルガー）　春の歌（メンデルスゾーン）　アルルの女のメヌエット（ビゼー）

RA-006　●ロマン派名曲集(2)　シチリアーノ（フォーレ）　ユーモレスク（ドボルジャーク）　白鳥（サン＝サーンス）

RA-007　●クラシック名曲集(2)　クラリネット協奏曲より（モーツァルト）　セレナーデ（ハイドン）　メヌエット（ハイドン）

RA-008　●世界の名歌　アメリカ(1)　　スワニー河（フォスター）　主は冷たい土の下に（フォスター）　家路（ドボルジャーク）

RA-009　●ジブリ名曲集(1)　もののけ姫(久石 譲)　いつも何度でも（木村 弓）　君をのせて（久石 譲）

RA-010　●日本の名歌(2) 中田喜直作品集　ちいさい秋みつけた　心の窓にともし灯を　夏の思い出

RA-011　●日本の名歌(3)　ふじの山(文部省唱歌)　青葉の笛(田村虎蔵)　我は海の子(文部省唱歌)　仰げば尊し(文部省唱歌)

RA-012　●日本の名歌(4)　早春賦(中田章)　花(滝廉太郎)　椰子の実（大中寅二）　浜千鳥(弘田龍太郎)

RA-013　●世界の名歌　イギリス(1)　アメイジング・グレイス　アンニーローリー　とうだいもり　蛍の光

RA-014　●日本の名歌(5)　文部省唱歌でつづる日本の四季　春の小川　鯉のぼり　茶摘　紅葉　冬景色

RA-015　●日本の名歌(6)　本居長世名作集　赤い靴　青い目の人形　通りゃんせ　七つの子

RA-016　●日本の名歌(7)　文部省唱歌で再びつづる日本の四季　春がきた　夏は来ぬ　虫のこえ　雪　冬の夜

以下　続巻

リコーダーソナタ伴奏CDブック　定価945円（税込）

■ モダンピッチ・バロックピッチのチェンバロ伴奏と、演奏例を収録。もちろん楽譜つき。
■ 現代の作曲家による、アマチュアが演奏を楽しむための積極的な通奏低音実施。

■ アルビノーニ
RG-093	ソナタ	イ短調	作品6-6

■ ヴェラチーニ
RG-045	ソナタ	第1番	ヘ長調
RG-066	同	第2番	ト長調
RG-024	同	第3番	ニ短調
RG-079	同	第4番	変ロ長調
RG-086	同	第5番	ヘ長調
RG-076	同	第6番	イ短調
RG-091	同	第7番	ハ長調
RG-099	同	第8番	ヘ長調
RG-108	同	9番	ト短調
RG-114	同	10番	ニ短調

■ ガリアルド
RG-049	ソナタ	第1番	ハ長調
RG-054	同	第2番	ニ短調
RG-092	同	第3番	ホ短調
RG-106	同	第4番	ヘ長調
RG-116	同	第5番	ト長調

■ コレルリ
RG-109	ソナタ	ト短調	作品5-7
RG-100	ラ・フォリア		作品5-12

■ サンマルティーニ
RG-072	同	1番	ヘ長調
RG-082	同	2番	ヘ長調
RG-087	同	3番	ト長調
RG-096	同	4番	ヘ長調
RG-062	同	5番	ヘ長調
RG-004A	同	6番	ニ短調
RG-012	同	7番	ヘ長調
RG-005	同	8番	ヘ長調
RG-102	同	9番	ト長調
RG-107	同	10番	ヘ長調
RG-115	同	11番	ヘ長調

※サンマルティーニのソナタは2本のアルトと通奏低音のためのソナタです

■ シェドヴィル（シェドヴィーユ）
RG-081	ソナタ	忠実な羊飼い1番	ハ長調
RG-042	同	2番	ハ長調
RG-088	同	3番	ト長調
RG-095	同	4番	変ロ長調
RG-097	同	5番	ハ長調
RG-019	同	6番	ト短調

■ シックハルト
RG-006	ソナタ	1番	ニ短調
RG-007	同	2番	変ホ短調
RG-009	同	3番	変ホ短調
RG-013	同	4番	ホ長調
RG-041	同	5番	ハ長調
RG-074	同	6番	ハ短調
RG-084	同	7番	変ニ短調
RG-103	同	8番	嬰ハ短調
RG-112	同	9番	ニ長調

■ 高橋たかね
RG-077	「秋草」	

※アルトリコーダーとチェンバロのための幻想曲

■ 田淵宏幸
RG-050	ソナタ・イタリアーナ	

※RJP委嘱作品、モダンピッチ伴奏のみ

■ テレマン
RB-005A	ソナタ	ハ長調	「音楽の練習帳」より
RB-006A	同	ニ長調	「音楽の練習帳」より
RB-007A	同	ヘ短調	「忠実な音楽の師」より
RB-012A	同	ハ長調	「忠実な音楽の師」より
RB-014A	同	ヘ長調	「忠実な音楽の師」より
RB-015A	同	変ロ長調	「忠実な音楽の師」より
RB-016A	同	「小ヘ短調」	
RB-026	ソナチネ	ハ短調	
RB-027	ソナチネ	イ短調	

■ パーセル（ダニエル）
RG-031	ソナタ	第1番	ヘ長調
RG-069	同	第2番	ニ短調
RG-085	同	第3番	ハ長調

■ バッハ
RB-008A	ソナタ	ト短調	BWV1020
RB-009A	同	イ短調	BWV1030より
RB-010A	同	ヘ長調	BWV1031より
RB-017	同	ハ長調	BWV1033
RB-017S	同	変ロ長調	BWV1033より
RB-018	同	ニ長調	BWV1014より
RB-019	同	ト長調	BWV1034より
RB-020	同	ト長調	BWV1035より
RB-021	同	ハ長調	BWV1030より
RB-022	同	変ロ長調	BWV1015より
RB-023	同	ヘ長調	BWV1016より
RB-024	同	ニ長調	BWV1017より
RB-025	同	ト長調	BWV1018より

※RB-017Sはソプラノ用です。

■ バルサンティ
RG-027	ソナタ	ニ短調	作品1-1
RG-022	同	ハ長調	作品1-2
RG-025	同	ト長調	作品1-3
RG-033	同	ハ長調	作品1-4
RG-035	同	ヘ長調	作品1-5
RG-039	ソナタ	変ロ長調	作品1-6

■ ビガリア
RG-028	ソナタ	イ短調

※ビガリアのソナタはソプラノ用です

■ ペープシュ
RG-055	ソナタ	第1番	ハ長調
RG-089	同	第2番	ニ短調
RG-098	同	第3番	ト長調
RG-104	同	第4番	ヘ長調
RG-110	同	第5番	変ロ長調
RG-113	同	第6番	変ロ長調

■ ヘンデル
RB-001A	ソナタ	ト短調	HWV360
RB-002A	同	イ短調	HWV362
RB-003A	同	ハ長調	HWV365
RB-004A	同	ニ短調	HWV367a
RB-011A	同	ヘ長調	HWV369
RB-013A	同	変ロ長調	HWV377

■ マルチェロ
RG-037	ソナタ	ヘ長調	作品2-1
RG-021	同	ニ短調	作品2-2
RG-047	同	ト長調	作品2-3
RG-051	同	ホ短調	作品2-4
RG-057	同	ト長調	作品2-5
RG-016	同	ハ長調	作品2-6
RG-018	同	変ロ長調	作品2-7
RG-059	同	ニ短調	作品2-8
RG-065	同	ハ長調	作品2-9
RG-067	同	イ短調	作品2-10
RG-080	同	ト長調	作品2-11
RG-044	同	ヘ長調	作品2-12

■ マンチーニ
RG-060	ソナタ	第10番	ロ短調
RG-040	同	第11番	ト長調
RG-063	同	第12番	ト長調

■ 森 好美
RG-052　幻想曲ふうソナタ　ホ短調
※ＲＪＰ委嘱作品、モダンピッチ伴奏のみ

■ ルイエ

RG-008	ソナタ	イ短調	作品 1-1
RG-010	同	ニ短調	作品 1-2
RG-011	同	ト長調	作品 1-3
RG-001A	同	ヘ長調	作品 1-4
RG-002A	同	変ロ長調	作品 1-5
RG-003A	同	ハ長調	作品 1-6
RG-014	同	ハ短調	作品 1-7
RG-015	同	ニ短調	作品 1-8
RG-017	同	ト短調	作品 1-9
RG-020	同	ヘ長調	作品 1-10
RG-023	同	ト長調	作品 1-11
RG-026	同	ホ短調	作品 1-12
RG-029	同	ヘ長調	作品 2-1
RG-030	同	ト短調	作品 2-2
RG-032	同	ニ短調	作品 2-3
RG-034	同	変ロ長調	作品 2-4
RG-036	同	ハ短調	作品 2-5
RG-038	同	ト長調	作品 2-6
RG-043	同	ホ短調	作品 2-7
RG-046	同	ヘ長調	作品 2-8
RG-048	同	ト短調	作品 2-9
RG-053	同	ニ長調	作品 2-10
RG-056	同	ト短調	作品 2-11
RG-058	同	イ短調	作品 2-12
RG-061	同	ハ長調	作品 3-1
RG-064	同	変ロ長調	作品 3-2
RG-068	同	ト短調	作品 3-3
RG-070	同	ト長調	作品 3-4
RG-071	同	ハ短調	作品 3-5
RG-073	同	ホ短調	作品 3-6
RG-075	同	変ホ長調	作品 3-7
RG-078	同	ヘ長調	作品 3-8
RG-083	同	変ロ長調	作品 3-9
RG-090	同	ニ短調	作品 3-10
RG-094	同	イ長調	作品 3-11
RG-101	同	ホ短調	作品 3-12
RG-105	同	ニ短調	作品 4-1
RG-111	同	イ短調	作品 4-2
RG-117	同	ヘ長調	作品 4-3

伴奏CDつき　リコーダー音楽叢書

■個人の愛蔵、学校・施設の備品に適した永久保存版。上装・大版(A4版)の見やすい楽譜。

SR-001	G. F. ヘンデル ソナタ集 第1巻 (3990円)	ト短調 HWV360／イ短調 HWV362／ハ長調 HWV365
SR-002	G. F. ヘンデル ソナタ集 第2巻 (3990円)	ニ短調 HWV367a／変ロ長調 HWV377／ヘ長調 HWV369
SR-003	G. P. テレマン ソナタ集 第1巻 (3990円)	ハ長調 TWV41:C2／変ロ長調 TWV41:B3／ヘ長調 TWV41:f1
SR-005	G. P. テレマン ソナタ集 第2巻 (3990円)	ヘ長調 TWV41:F2／ニ短調 TWV41:d4／ハ長調 TWV41:C5
SR-037	ソナタ集 忠実な羊飼い 第1巻 (3990円)	第1番 ハ長調／第2番 ハ長調／第3番 ト長調
SR-041	ソナタ集 忠実な羊飼い 第2巻 (3990円)	第4番 変ロ長調／第5番 ハ長調／第6番 ト短調
SR-004	B. マルチェロ ソナタ集 第1巻 (3990円)	ヘ長調 作品2-1／ニ短調 作品2-2／ト長調 作品2-3
SR-013	B. マルチェロ ソナタ集 第2巻 (3990円)	ホ短調 作品2-4／ト短調 作品2-5／ハ長調 作品2-6
SR-020	B. マルチェロ ソナタ集 第3巻 (3990円)	変ロ長調 作品2-7／ニ短調 作品2-8／ハ長調 作品2-9
SR-030	B. マルチェロ ソナタ集 第4巻 (3990円)	イ短調 作品2-10／ト長調 作品2-11／ヘ長調 作品2-12
SR-006	J. B. ルイエ ソナタ集 第1巻 (3990円)	イ短調 作品1-1／ニ短調 作品1-2／ト長調 作品1-3
SR-014	J. B. ルイエ ソナタ集 第2巻 (3990円)	ヘ長調 作品1-4／変ロ長調 作品1-5／ハ長調 作品1-6
SR-017	J. B. ルイエ ソナタ集 第3巻 (3990円)	ハ長調 作品1-7／ニ短調 作品1-8／ハ長調 作品1-9
SR-019	J. B. ルイエ ソナタ集 第4巻 (3990円)	ヘ長調 作品1-10／ト長調 作品1-11／ホ短調 作品1-12
SR-021	J. B. ルイエ ソナタ集 第5巻 (3990円)	ト短調 作品2-1／ヘ長調 作品2-2／ハ短調 作品2-3
SR-023	J. B. ルイエ ソナタ集 第6巻 (3990円)	変ロ長調 作品2-4／ハ短調 作品2-5／ト長調 作品2-6
SR-025	J. B. ルイエ ソナタ集 第7巻 (3990円)	ホ短調 作品2-7／ヘ長調 作品2-8／ハ長調 作品2-9
SR-027	J. B. ルイエ ソナタ集 第8巻 (3990円)	ニ長調 作品2-10／ニ短調 作品2-11／イ短調 作品2-12
SR-029	J. B. ルイエ ソナタ集 第9巻 (3990円)	ハ長調 作品3-1／ト短調 作品3-2／ヘ長調 作品3-3
SR-031	J. B. ルイエ ソナタ集 第10巻 (3990円)	ト長調 作品3-4／ハ長調 作品3-5／ホ短調 作品3-6
SR-033	J. B. ルイエ ソナタ集 第11巻 (3990円)	変ホ長調 作品3-7／ハ長調 作品3-8／変ロ長調 作品3-9
SR-044	J. B. ルイエ ソナタ集 第12巻 (3990円)	ニ短調 作品3-10／イ短調 作品3-11／ホ短調 作品3-12
SR-024	J. S. バッハ ソナタ集 第1巻 (3990円)	ハ短調（原曲ロ短調） BWV1030／ハ長調 BWV1033
SR-028	J. S. バッハ ソナタ集 第2巻 (3990円)	ヘ長調（原曲変ホ長調） BWV1031／ト短調（原曲ハ短調） BWV1034
SR-032	J. S. バッハ ソナタ集 第3巻 (3990円)	ト短調 BWV1020／ヘ長調（原曲ホ長調） BWV1035
SR-039	J. S. バッハ ソナタ集 第4巻 (3990円)	ニ短調（原曲ロ短調） BWV1014／変ロ長調（原曲ト長調） BWV1015
SR-045	J. S. バッハ ソナタ集 第5巻 (3990円)	ヘ長調（原曲ト長調） BWV1016／ニ短調（原曲ハ短調） BWV1017
SR-007	バルサンティ ソナタ集 第1巻 (3990円)	ニ短調 作品1-1／ハ長調 作品1-2／ト長調 作品1-3
SR-015	バルサンティ ソナタ集 第2巻 (3990円)	ハ短調 作品1-4／ヘ長調 作品1-5／変ロ長調 作品1-6
SR-035	サンマルティーニ ソナタ集 第1巻 (2940円)	第1番 ヘ長調／第2番 ヘ長調 (A A B.C.)
SR-040	サンマルティーニ ソナタ集 第2巻 (2940円)	第3番 ト長調／第4番 ヘ長調 (A A B.C.)
SR-022	サンマルティーニ ソナタ集 第3巻 (2940円)	第5番 ヘ長調／第6番 ニ短調 (A A B.C.)
SR-008	サンマルティーニ ソナタ集 第4巻 (2940円)	第7番 ヘ長調／第8番 ヘ長調 (A A B.C.)
SR-047	サンマルティーニ ソナタ集 第5巻 (3990円)	第9番 ト長調／第10番 ヘ長調 (A A B.C.)
SR-009	シックハルト ソナタ集 第1巻 (3990円)	ハ長調 作品30-1／ハ長調 作品30-2／変二長調 作品30-3
SR-026	シックハルト ソナタ集 第2巻 (3990円)	嬰ハ短調 作品30-4／ハ長調 作品30-5／ニ短調 作品30-6
SR-050	シックハルト ソナタ集 第3巻 (3990円)	変ホ長調 作品30-7／変ホ短調 作品30-8／ホ短調 作品30-7
SR-016	ヴェラチーニ ソナタ集 第1巻 (3990円)	第1番 ヘ長調／第2番 ト短調／第3番 ニ短調
SR-034	ヴェラチーニ ソナタ集 第2巻 (3990円)	第4番 変ロ長調／第5番 ハ長調／第6番 イ短調
SR-048	ヴェラチーニ ソナタ集 第3巻 (3990円)	第7番 ハ長調／第8番 ヘ長調／第9番 ト長調
SR-018	F. マンチーニ ソナタ集 第4巻 (3990円)	第10番 ロ短調／第11番 ト短調／第12番 ト長調
SR-036	D. パーセル ソナタ集 第1巻 (3990円)	第1番 ヘ長調／第2番 ニ短調／第3番 ホ短調
SR-038	ガリアルド ソナタ集 第1巻 (3990円)	第1番 ハ長調／第2番 ニ短調／第3番 ホ短調
SR-043	J. C. ペープシュ ソナタ集 第1巻 (3990円)	第1番 ハ長調／第2番 ニ短調／第3番 ト長調
SR-042	思い出のたて笛 (2940円)	文部省唱歌ほかスタンダードナンバー17曲をチェンバロ伴奏で
SR-046	思い出のたて笛 2 (2940円)	スタンダードナンバー13曲
SR-049	思い出のたて笛 3 (2940円)	スタンダードナンバー13曲 好評に応えての第3弾
SR-010	アルトリコーダーステップバイステップ (大版) 第1巻 (2310円)	
SR-011	アルトリコーダーステップバイステップ (大版) 第2巻 (2310円)	初歩からチェンバロ伴奏で練習できる類例ない教則
SR-012	アルトリコーダーステップバイステップ (大版) 第3巻 (2310円)	

リコーダーJP 友の会のご案内

(1) リコーダーJP製品を愛してくださるみなさんの会が「リコーダーJP友の会」で、会費無料の「一般会員」と、リコーダーJPを応援していただくため会費をお願いする「賛助会員」があり、そのそれぞれにA会員・B会員があります（ポイント集積の方法が違うだけです）。いずれかの会員になっていただきますと、ＣＤつき製品に付属している「ポイントスタンプ」をご利用いただけるようになります。

(2) ポイントスタンプを集めていただきますと、1ポイントを100円の換算でリコーダーJP製品との引き換えができます。(税額は切り捨て＝9ポイントで945円製品など)引換えは所定の方法でリコーダーJPに直接お申し込みください(お店での引換えはできません)。

(3) 賛助会員様にはリコーダーJPへの応援として月々の会費(800円)をお願いいたしますが、リコーダーJPから感謝をこめて月々の新刊伴奏ＣＤブックから「お勧めの1冊」がプレゼントされます。会費のお支払いには原則として郵便局の自動払い込みをご利用いたきます。詳しくは、お申し込み後に郵送でお届けするご案内をご覧ください。

(4) 賛助会員・一般会員ともに、リコーダーJPのWebサイトの入会　申し込みフォームから入会申し込みを行っていただく方法と、お葉書でお申し込みいただく方法とがあります。(URL=http://www.recorder.jp/club/)

(5) 入会フォームからのお申し込みの場合は「A会員」もお選びいただけます。A会員様はポイントスタンプについてもサイトのフォームから製品シリアルを入力いただくことで蓄積ができます。ポイントと製品の引き換え請求もサイトのフォームから行えます。

(6) お葉書でお申し込みいただいた場合はすべて「B会員」となり、ポイントスタンプは、折り返しお送りする専用貼り付け用紙により集めていただきます。お葉書によるお申し込みをいただく場合は、このページ右下の「ポイントスタンプ」をお葉書に貼り付けていただき、お名前・ご住所・お電話番号を明記の上、
　〒558-0051　大阪市住吉区東粉浜1-1-21　リコーダーJP　友の会係
までお申し込みください。

(7) ご入会いただいた会員様にはすべて、ご入会プレゼントとして非売品の特別製品をお贈りします。そのさい、B会員の皆様には「ポイントスタンプ貼り付け用紙」を同封いたします。

RJP ポイントスタンプ
製品シリアル
No. T979007

リコーダーＪＰからのメッセージ
大人のあなたが今から何か楽器を・・・さて、何を？

　銀色の楽器をかっこよく構えるフルート？　しなやかに歌うヴァイオリン？　それともあこがれのピアノでしょうか。
　どれもすばらしい楽器です。しかし、フルートやヴァイオリンは最低でも数万円から、ピアノに至っては数十万円から。しかも、先生に習って、長期間にわたり、かなりの練習を積まないと、まともに演奏できるようになりません。音も大きくて普通の家で夜に演奏するのはちょっと無理かも。そう考えると、今まで手が出なかったのには、やはりそれなりの理由が・・・
　そこで。
　リコーダーはいかがですか？

- ●楽器は千円台からあります！
- ●誰でも必ず音が出せます！
- ●普通の家やマンションで練習しても大丈夫！
- ●指使いもシンプルで覚えやすい！

「・・・でも、子供用の教育楽器でしょ？」
　いえいえ。ちょっと待ってください。

■花形独奏楽器・リコーダー

　バロック時代（17世紀ごろ）、リコーダー（特にアルトリコーダー）は、ヴァイオリンやオーボエ・フルートなどとならぶ、花形独奏楽器だったのです。
　ご存知でしたか？
　リコーダーは、庶民にも貴族にも、そして作曲家たちにもたいへん愛された楽器でした。ヘンデルもバッハもテレマンも、そして他のたくさんの作曲家たち（たとえばJ.C.シックハルト、J.B.ルイエなど）も、みんなリコーダーを独奏楽器とする名曲をたくさん書き残しました。
　ただ、リコーダーのための独奏曲は、チェンバロ（ハープシコード）による伴奏が必要です。リコーダーはチェンバロと相性がいいので、作曲家たちはみんなチェンバロの伴奏を要する曲としてリコーダー独奏曲を書いたのです。

■チェンバロ伴奏をCDで

　そう、チェンバロ伴奏さえあれば、誰でもこれらの名曲を演奏して楽しめる。だけど、チェンバロなんて誰も持っていない。誰も弾かない。これだけが問題だったのです。それで、リコーダーJPは、チェンバロ伴奏が鳴らせるCDを制作することにしました。しかも演奏テンポも、練習用のゆっくりなもの、少しゆっくり目、少し速めなど、みなさんの必要や好みに合うものを使っていただけるようにして。
　これで、数々の名曲がみんなの手に届く。誰もが演奏できるものになる！
　私たちはそう考えています。これからもこつこつとライブラリを増やしていきながら、皆さんがお試しくださるのを待っています。

■プロジェクト 「リコーダーＪＰ」 について

「リコーダーＪＰ」は、MIDIピアニスト・MIDIチェンバリスト石田誠司の呼びかけにより、作曲家・リコーダー奏者が協力して推進する、独奏リコーダーの文化を提案するためのプロジェクトです。

リコーダージェーピー有限会社は、このプロジェクトの推進母体として設立されたものです。会社という形を取ることにより、一定の収入を得てプロジェクトの長きにわたる維持・発展をめざします。

たくさんの人にリコーダーの楽しみを知っていただくためのプロジェクトを遂行しようとすれば、そこにある程度の事業収入がなければ不可能です。ボランティアでやれることには限界があり、作曲家たちだって少しでも収入につながる夢がなければ、つぎつぎに曲を書くことはできません。

その意味で、一定の収益を確保できるプロジェクトだけが、ある程度の展開規模を実現でき、プロジェクトとして大きな広がりと力を持つこともできるのではないかと思っています。どうかご理解をお願い申し上げます。

Webサイトのサーバー運営業務と、楽譜やCD等の頒布について、当プロジェクトの趣旨にご理解をいただきましたカモンミュージック株式会社にお願いしております。

どうか皆様のご理解をいただき、何とぞリコーダーJPのプロジェクトを応援していただきますよう、切にお願いいたします。

＊　＊　＊　＊　＊　＊　＊　＊　＊

■ 「リコーダーＪＰサポーター」 を募集しています

リコーダーJPのプロジェクトは、経済的には極めて厳しい状況に置かれています。会社組織を運営母体に持っているとはいえ、実際には有志が手弁当で支えているのが現実です。そこで、「何か自分にできることがあれば、引き受けて、やってやろう！」とおっしゃってくださるボランティアの皆さんを募集しています。

こうしたボランティアさんのことを「リコーダーJPサポーター」と呼んでいます。

「リコーダーJPサポーター」は、基本的にはインターネットを利用してリコーダーJP（主としてディレクター石田）と連絡をとります。そして、その都度相談した上で、たとえば製品モニターや、楽譜制作・演奏制作の下作業、大阪のスタジオでの演奏例演奏など、それぞれのかたにとって無理なく楽しんでいただけることをお願いしています。また、「サポーター通信」という不定期発行メールマガジンもお届けしています。

ご興味をお持ちいただけたかたは、ぜひリコーダーJPホームページ（http://www.recorder.jp/）から、サポーター登録をお願いいたします。登録はもちろん無料です。

■CDトラックリスト■

モダンピッチによる伴奏
1　第1楽章
2　第2楽章
3　第3楽章
4　第4楽章

第2リコーダー用マイナスワン
5　第1楽章
6　第2楽章
7　第3楽章
8　第4楽章

第1リコーダー用マイナスワン
9　第1楽章
10　第2楽章
11　第3楽章
12　第4楽章

バロックピッチによる伴奏
13　第1楽章
14　第2楽章
15　第3楽章
16　第4楽章

演奏例
17　第1楽章
18　第2楽章
19　第3楽章
20　第4楽章

ボーナストラック
モダンピッチ
21　第1楽章　やや遅い伴奏
22　第1楽章　やや速い伴奏
23　第2楽章　極端に遅い伴奏
24　第2楽章　やや遅い伴奏
25　第2楽章　やや速い伴奏
26　第2楽章　非常に速い伴奏
27　第3楽章　やや遅い伴奏
28　第3楽章　やや速い伴奏
29　第4楽章　極端に遅い伴奏
30　第4楽章　やや遅い伴奏
31　第4楽章　やや速い伴奏
32　第4楽章　非常に速い伴奏

ボーナストラックについて
　曲のテンポにはいろいろな可能性がありますので、しっくりくるテンポは人によってかなり違う場合があります。
　また、快速な楽章は指回りが難しいので、演奏が大変な場合があるでしょう。 そういう場合はごくゆっくりのテンポでの練習が有効です。 上手なかたでも、ごくゆっくりのテンポでの練習は有益なものです。
　ボーナストラックにある伴奏は、このようないろいろな必要に応えるために収録してみたものです。 どうぞご活用ください。

サンマルティーニ　2本のアルトリコーダーのためのソナタ 8番ヘ長調 改定版
編著：石田誠司
第1版発行：2010年10月1日

ISBN978-4-86266-256-9
C0073 ¥900E

発行：リコーダージェーピー有限会社
〒558-0051　大阪市住吉区東粉浜 1-1-21
TEL／06-6675-7771　FAX／06-4701-6566